ISBN-13: 978-1530492244

ISBN-10: 1530492246

Diário de um Vendedor

Jb.campos

Esta obra traz no âmago a força oculta do esoterismo, que dá exatamente o carisma pessoal ao seu seguidor, atente sobre isto!

Este livro não enumera aquelas regras chatas e decorativas, apenas fala dos fatos práticos ocorridos com o vendedor e escritor de dezenas de obras motivacionais & extra-sensoriais...

Sem a intenção jactanciosa de falar de si mesmo, e, de quem chegou à terceira idade, consciente de que já ultrapassou mais da metade do caminho de qualquer longevo ser humano, menos voltado a qualquer vaidade pessoal... espero...

Portanto, até me dou ao direito de escrever na primeira pessoa...

Bem, sou autor deste livro, e aqui tenho por meta escrever a minha experiência de vida como profissional das vendas.

Portanto, isto é apenas uma porciúncula, ou pequena parte de um diário dos meus dias na estrada das vendas pela vida afora, como sugere o título desta obra.

Nasci no interior do estado de São Paulo, na Tatuí da minha feliz infância, filho de um modesto marceneiro, que com o passar do tempo tornou-se um próspero negociante.

Moveleiro próspero, graças à sua habilidade no trato simpático e carismático com as pessoas de seus dias, lá pelas décadas de 50 a 60, e como o tempo passa... posto que adentramos o Terceiro Milênio, cheio de contradições e dissimulações, quando muitos insandecidos profetizavam que não chegaríamos ao ano 2000 e, o mundo se acabaria, ao mínimo existiria telematicamente o "Bug do Milênio" e mundo torna-se-ía o caos etc...

Tinha por título, dado pelo pároco da cidade, o qual ao dizer suas missas pela rádio difusora local, anunciava os patrocínios do meu velho e querido pai como: Tonico: O Rei dos Móveis.

Apesar de marceneiro, meu velho pai carpintejou muito também, deixando-me um belo exemplo de pessoa despojada e generosa.

À José, e Jesus os carpinteiros, assim trabalhou meu velho, construindo muitos madeiramentos para suportar o teto de muitas casas...

Mateus: 13

55 Não é este o filho do [carpinteiro]? e não se chama sua mãe Maria, e seus irmãos Tiago, José, Simão, e Judas?

Marcos: 6

3 Não é este o [carpinteiro], filho de Maria, irmão de Tiago, de José, de Judas e de Simão? e não estão aqui entre nós suas irmãs? E escandalizavam-se dele.

Tenho de agradecer profundamente o meu progenitor e meu mestre na arte de vender.

Realmente meu velho pai foi mestre na área das vendas, fato que pude comprovar posteriormente quando da minha juventude, pois, seus ensinamentos e gestos de relações humanas deixaram em minha personalidade marcas profundas de conhecimentos práticos, quando pensava em aprender me surprendia com aulas que o velho já me houvera transmitido.

Tive de usar o tripé do sucesso:

1 – Atingir Minha Meta

2 – Como Atingir Minha Meta

3 – Quando Atingir Minha Meta

Casei-me muito jovem ainda, apenas com meus 18 anos e, necessitei da anuência de meus pais, na época professava uma religião bastante incisiva no tocante à honestidade cristã etc...

E, cheguei pensar até que seria dispensado do serviço militar, pelo fato de ter contraído matrimônio, fato corriqueiro dos recém-casados daqueles dias, como fora o meu caso, com a diferença de não ser dispensado do serviço militar.

O esperado fato não fora confirmado, e lá fui eu fazer o Tiro de Guerra, como se chamava o exército lá do interior.

Cumpri a lei que me fora imposta e, no final de toda aquela misancênica beligerante galardoram-me: "Reservista de Segunda Classe".

Lembro-me como se fora agora, no primeiro dia a gente se apresentava à paisano, até que se tirassem as nossas medidas, para as respectivas confecções de nossas fardas, e como era madrugada fria, e, não tinha roupa de frio coloquei o meu terno de casamento, posto que havia contraído matrimônio recentemente, e me apresentei-me juntamente com 120 jovens, verdadeiros capetas, a fuzarca era generalizada e para piorar a situação, chovia levemente madrugada afora.

O pátio estava lamacento, e o sargento era um CDF de primeira linha, sujeito condicionado à robô para se fazer cumprir a lei marcial.

Lembro-me que, por lá passava meu pai, que dirigia-se a pé, à sua marcenaria, tinha ele seus cabelos brancos, era uma cabeça literalmente branca, a qual despertou o entusiasmo de um recruta que pôs-se a imitar um pássaro chamado Araponga, ou Ferreiro, emitindo o som de um malho a bater sobre uma bigorna.

O sargento, irritadiço dá-nos uma contundente ordem:

- Tropa, sentido! – Rastejar, vão ver!

Então... o meu novíssimo terno de casamento, já que havia me casado naqueles dias, ficou enlameado de barro, e além de rastejar na lama, mandava rolar à direita à esquerda, era uma chafurdança só.

Meu pai, era um gozador, e até parou pra ver aquilo tudo, relembrando de seus dias de Tiro de Guerra também, para depois, tirar aquele sarro da minha cara, quando chegasse em casa, pois, morávamos todos no mesmo terreno...

Assim, terminei o serviço militar.

O calo apertou e, me vi em palpos de aranha, bem, tivemos de mudar para São Paulo com a esperança de vencer na vida.

Dois jovens e uma filha, estavam à mercê das intempéries naturais da vida moderna, com um pequeno detalhe, "sem nenhum gato para puxar pelo rabo"... êta vidinha complicada...

Fiz de tudo um pouco na vida, até tomar uma decisão que mudou radicalmente nossa maneira de viver.

Porém, para que isto viesse acontecer tive de peremptoriamente usar os conceitos da trilogia do sucesso.

1 – Atingir Minha Meta

2 – Como Atingir Minha Meta

3 – Quando Atingir Minha Meta

Propositalmente repito os três pontos importantes do sucesso, para que desde este momento vá sendo gravado na sua memória, caro leitor postulante ao sucesso...

Para atingir minha meta, primeiro tive de descobrir o que queria fazer na minha pobre vida, e não demorou muito, me fiz espelhar no exemplo de meu mentor e pai, ser vendedor, até porque, ninguém escapa desta sina, nascemos todos, vendedores... e ponto.

Não há o que se discutir sobre este paradigma, quando nascituro, a primeira coisa a se fazer é, berrar para se obter alguma coisa em troca do silêncio.

Vender é, ser negociador, negociante, regateador, enfim buscar um meio lucrativo nesta atividade, como em qualquer outra, que irá redundar na própria venda.

Hoje, mais do que nunca, deve-se ser muito mais vendedor-hodierno do que caixeiro-viajante de antanho, tem-se de dedicar com muito amor à essa nobre profissão, para se alcançar o fim colimado do sucesso.

Vendi de tudo, era um supermercado ambulante...

No campo da metalurgia eletro-eletrônica, vendi ferramentas normais, de corte, diamantadas, parafusos, rolamentos, correias, graxas e óleos, peças automotivas, baterias elétricas, válvulas hidráulicas, tubução, conexões etc...

MEDITAÇÃO – O FUNDAMENTO MAIOR

Sempre gostei de meditar, ou seja, me introspectar, fazer uma auto-análise, perguntando-me sobre os porquês de toda minha existência e de como fazer para sobreviver juntamente com a minha maior responsabilidade, minha família.

E, nas minhas mais profundas meditações pude me aperceber que, nenhuma técnica moderna de vida mercantilizada poderia subrepor aqueles ensinamentos que aprendi nas minhas projeções astrais.

O carisma áurico somente se consegue com energias refinadas, que somente o mundo astral pode nos conceder.

Freqüentei faculdades ocultas, no plano extrafísico, e trouxe de lá o sucesso de minhas vendas, ensinados pelos meus mestres dos planos etéricos.

Na atualidade as igrejas de maneira genérica colocam seus adeptos em transe mercantil e, aqueles que creêm conseguem sucesso na vida.

FÉ

Ei-la, é uma pequena palavra mágica, que tudo pode mudar em nossa vida:

Mateus: 17
20 Disse-lhes ele: Por causa da vossa pouca fé; pois em verdade vos digo que, se tiverdes fé como um grão de mostarda direis a este monte: Passa daqui para acolá, e ele há de passar; e nada vos será im[possível].

Portanto, dá para você perceber que a fé é algo de grande poder, pois, creia e tudo ser-lhe-á possível.

Marcos: 9
23 Ao que lhe disse Jesus: Se podes!-tudo é [possível] ao que crê.

Destacando a minha meta, que era a de tornar-me um vendedor de sucesso, dei o primeiro chute na bola em direção ao gol do sucesso, porém, entre o gol e a bola, existiam muitos adversários, outros competidores que queriam ganhar o jogo.

A famigerada concorrência estava sempre no meu caminho, porém, não me deixava frustrar com ela, respeitava-a, mas, não lhe dava bola.

"No meio do caminho tinha uma pedra" – como diria o grande poeta Drumond...

Então a mim me veio o segundo alerta:

- Como alcançar a minha meta?

Meditei muito mais ainda sobre como criar a ferramenta necessária para conseguir atingi-la, e pude perceber que existiam muitas ferramentas a serem usadas, e o aprendizado de como usá-las.

Estava obstinado, iria realmente vencer como vendedor!

Continuando nesta segunda etapa muito importante, que é, ação colocada em prática, até porque, ação somente será ação se for praticada, e isto é bem óbvio.

Observação enfática: Sem a prática, ou sem a ação, pode esquecer o sucesso.

A inércia neste caso é, a mãe de todas as ignorâncias...

Não basta o foco, o escopo, a meta, pois, acompanhada da inércia, não passam de inépcia...

O GERENTE BANCÁRIO

Relembro-me de que exercia a ocupação profissional de Gerente de Banco, e incontinentemente pedi demissão do meu cargo e do meu emprego, para aventurar-me no ramo das vendas.

Casado e pai de minha primogênita, "comi o pão que o diabo amassou", dei um duro danado para sustentar minha esposa e filha, com os quais convivo até os dias de hoje.

E, somente para completar minha família aqui descrita, tivemos três filhos e dois netos até o momento...

Somente comentários, nada a reclamar, posto que sonhava com uma vida melhor, que na realidade com o passar dos dias a conquistei com muita honra e alegria, tornando-me respeitado no metiê...

O vendedor bem-sucedido torna-se poderoso moralmente, como aquele que é possuidor de grande fortuna, ficando rodeado de puxa-sacos, para ser mais franco, aqueles que ficam ali esperando sugar alguns míseros vinténs dos "pobres-milionários" deste mundão de meu Deus.

Desculpem-me os empresários de bem, até porque eles existem e são gente fina, e como exemplo cristão disto citamos alguns homens que acompanharam Jesus quando esteve entre os homens:

O senador: José, da cidade de Arimatéia.

Marcos: 15
43 [José de Arimatéia], ilustre membro do sinédrio, que também esperava o reino de Deus, cobrando ânimo foi Pilatos e pediu o corpo de Jesus.

Nicodemos, membro da elite judáica:

João: 19
39 E [Nicodemos], aquele que anteriormente viera ter com Jesus de noite, foi também, levando cerca de cem libras duma mistura de mirra e aloés.

O coletor de impostos, Mateus, o famoso: São Mateus...

Mateus: 9
9 Partindo Jesus dali, viu sentado na coletoria um homem chamado [Mateus], e disse-lhe: Segue-me. E ele, levantando-se, o seguiu.

Lucas o médico, o também famoso: São Lucas...

Colossenses: 4

14 Saúda-vos [Lucas], o médico amado, e Demas.

Desculpe-me esta comparação um tanto estapafúrdia, mas, ser um bom vendedor é algo fascinante no mundo mercantil... realmente é tornar-se persona grata, já que o empresário vive em função de faturamento, que conseqüetemente se dá através das vendas...

Bem, fui trabalhar numa empresa australiana, e... aí começou o meu duro aprendizado.

Ocupei a posição e a zona de trabalho do meu próprio gerente, que era cunhado do diretor presidente daquela instituição, e a minha inocência transcendeu os limites da minha própria honestidade.

Para ser mais claro, Charles, meu gerente, deixara de ser vendedor daquela que seria a minha região de trabalho para assumir o cargo de gerente de vendas.

E, a minha zona de trabalho foi exatamente o centro da cidade de São Paulo.

Para um capiau que chegara casado e pai, lá dos "Cafundós dos Judas" insulados numa região do interior do mesmo estado, todos os acontecimentos a mim me eram pesarosos e fantásticos, porém, queria contundentemente vencer, até para poder mostrar minha capacidade, pela frustração, que estava recolhida no meu ser, aos meus pais e irmãos que eu, tinha lá meus valores, e entendi que, somente pelo mundo das vendas poderia chegar lá, mais rapidamente.

Resumindo, adentrava-me a um prédio comercial com muitos andares, e visitava todos seus escritórios que a mim me fossem possíveis, portanto, à tarde, exausto havia feito uma média galopante de 30 ou mais visitas, que para meu orgulho e meu azar, redundaram em bons pedidos.

Charles via e revia meus relatórios, resumindo... após três meses de trabalho profícuo, fiquei surpreso pelo chamamento de Charles, requisitando a minha presença na sua sala, e foi logo me dizendo:

- Como vai, Campos?

Sem dúvida, Charles era uma pessoa amável e educada.

Vou bem, Charles, obrigado!

- Campos, nada pessoal, porém, entre nós dois, prevalece um enorme problema...

- Qual é, o problema, Charles?

- Você além, de bastante trabalhador e honesto, é muito inocente!

Foram ótimos elogios, e até o inocente soou bem aos meus ouvidos, afinal, ser inocente é algo cristalino, porém, alvejado sobremaneira a um ser humano... então tripliquei:

- Onde está essa inocência toda, Charles?

- Você vai entender bem o que vou lhe dizer: Eu, Charles, trabalhei na mesma zona na qual você vem trabalhando com muita eficiência, porém, sem muitas delongas, ou explicativas, digo-lhe que fazia seis visitas diárias, as quais me levaram ao cargo que hoje ocupo aqui na empresa, e você simplesmente vem fazendo a média de 30 visitas diárias, e isto explica mais do que qualquer palavra, ou discussão que possamos altercar...

- Certo?

- Portanto, você está despedido!

Agradeci-o por tudo, e me desliguei da empresa com uma das melhores lições que tive na vida, fato que aprendera teoricamente com o meu velho professor e pai, porém, somente pude entender quando a certifiquei na prática da vida profissional.

Não quero nem saber se você vai achar isto honesto ou desonesto, não sou hipócrita, e digo-lhe, se você quer vencer no mundo telúrico , ou terreno, jamais sobrepuje seu chefe, mesmo que você se considere mil vezes melhor do que ele, seja humilde consciente, o que não é a sua hipocrisia, e sim a dele, que não quer enxergar, e "o pior de todos os cegos é aquele que não quer enxergar"...

Aqui vale umas frases bíblicas, dita pelo maior de todos os mestres, Jesus:

Mateus; 5
41 e, se qualquer te obrigar a caminhar mil passos, vai com ele dois mil.

Mateus: 10
16 Eis que vos envio como ovelhas ao meio de lobos; portanto, sede [prudente]s como as serpentes e simples como as pombas.

Como já comentamos, tem-se de fazer de bobo, para se ser inteligente com os tolos.

Com todo o respeito que se me merecem os empresários, e chefias em geral, as suas vaidades são tantas, que têm de ser auto-enganados, se é assim que deve ser dito...

Timóteo: 3
4 traidores, atrevidos, [orgulho]sos, mais amigos dos deleites do que amigos de Deus,

O cabotinismo e a jactância meclados com a fobia dos pseudos poderosos, mortais que mandam neste planeta materialista, de onde deve provir o nosso sustento, deve lhes custar o preço da sua soberba ignorância, portanto, não se faça de rogado e, seja realmente aquele vendedor consciente, que simplesmente é, aquele que se apercebe de si e de todos, e por todos os prismas embutidos nos seres humanos.

Quando você for um vencedor profissionalmente, não se esqueça, que o sucesso integral, não existe neste plano terreno, onde todos os bens materiais aqui ficarão, e todos partiremos e levaremos os verdadeiros sucessos, que são nossos bons pensamentos e as boas atitudes, o resto é "maya" que na linguagem oriental induísta é: ilusão.

Percebi profundamente que, o desvencilhamento é algo divino e preponderante ao sucesso do homem, já que o seu sucesso começa pelo despojamento do sofrimento, que vai lhe eliminar a inveja, ciúme, ira, má-fé, maldade, medo, e por fim a própria dor psicossomatizada.

Fazer bem feito o momento, trabalhando com satisifação e alegria, revertendo a feia palavra trabalho, na bela e airosa palavra diversão, porque assim fizeram-na, veja só um pequeno exemplo, quando alguém, balbucia: "você só me dá trabalho" aludindo uma frase no lugar do mais perfeito xingamento, onde o verbete principal é, trabalho, o verbete sagrado, nos ensinado por Deus, que somente ele enobrece, engrandece, e conseqüentemente nos faz felizes...

Temos vários conceitos de sucesso, desde um amontoado de dinheiro, que não serve para nada, a não ser ficar guardado, como aquele que sofre o efeito perdulário, na insatisfação deletérica de gastá-lo desbragadamente àquele afortunado, sem ter mais em que gastá-lo.. então aqui cabe muito bem a divisão de rendas, que é um assunto profundo para se acabar com a miséria humana.

Temos a venda da salvação eterna, negociada pelos pregadores religiosos, que acabam se enriquecendo com essa famaosa e antiga venda, haja vista, há milênios elas passarem ilesas pelas grandes guerras e mesmo assim amealharem latifúndios e riquezas mil...

Dá para você enxergar a mídia dos dias modernos, efetuando vendas de todos os tipos, e às vezes confundindo-a com a palavra "marketing", não importa se o estrangeirismo vem para assolar o nosso bolso, a venda é uma rodovia de mão dupla, como tudo no universo, nele se fazem presentes, o bem e o mal, o positivo e o negativo.

No verseto abaixo citado por Jesus, deixa-nos claro que os pregadores daqueles dias usufruíam das ofertas do templo, na hipocrisia de nada darem em troca, a não a espúria dissimulação de seus atos.

Que tal, o bispo, ou o missionário, ou o pastor morando em mansões e rodando em seus carros importados, e seus irmãos famélicos e sequiosos morrendo em deletério profundo...

- Isto, por acaso é divino?
- Ou, seria mefistofélico?

Mateus: 23

23 Ai de vós, escribas e fariseus, hipócritas! porque dais o dízimo da [hortelã], do endro e do cominho, e tendes omitido o que há de mais importante na lei, a saber, a justiça, a misericórdia e a fé; estas coisas, porém, devíeis fazer, sem omitir aquelas.

Guardado as devidas proporções, esses seres adoram viver bem, além da média de suas ovelhas.

Mateus: 23

5 Todas as suas obras eles fazem a fim de serem [vistos] pelos homens; pois alargam os seus filactérios, e aumentam as franjas dos seus mantos;

Ratificamos este assunto,para que o sucesso não suba na sua cabeça, como se diz no linguajar popular...

Veja, estamos tratando da fase mais importante do nosso tripé do sucesso, portanto, vamos falar de energias emanantes, e na transformação de energias emanantes negativas em positivas, ou seja, tirar sempre lições dos nossos dias amargos, como fora no exemplo pelo qual passei lá com o Charles me despedindo, pela minha inocente atitude de não vislumbrar o prejuízo que estava lhe causando pelo meu demasiado positivismo em minhas visistas e vendas.

A meta é, sempre transformar o mal em bem...

"Há males que vêm para o bem".

Esta nossa técnica, que é a mais normal possível, vem ratificar o provérbio acima.

Podemos vender inocentes biscoitos, como famigerados materiais bélicos.

Estamos tratando de estratégia de vendas de maneira genérica.

Quantas vezes, meu pai, me fazia ver suas atitudes lisongeiras aos seus clientes, massageando egos e mais egos, mostrando-me o poder persuasivo e imperceptível lançado sobre pobres seres carentes que, compravam seus móveis, somente para poder freqüentar o comércio de móveis do meu velho e saudoso mestre, onde fazia uso de divãs virtuais, porém confortantes àquelas almas que procuravam-no para suas terapias comerciais.

EXPRESSÕES CORPORAIS

Vamos falar um pouco sobre expressões faciais e corporais.

Muitas vezes quando estou palestrando, analiso propositalmente as expressões faciais e corporais dos meus ouvintes analistas.

Ou seja, quando analiso, estou sendo analisado...

Para alcançar este equilíbrio, passei por muitos estresses, e há muito tempo, desde a minha juventude, quando falava para públicos religiosos pude avaliar a responsabilidade, a qual, eu exacerbava em minha mente, ocorrência que se dava pela responsabilidade com as palavras por mim proferidas.

Comecei a entender que, eu também era platéia, então compreendi que, de certa forma agradava... posto que proferia boa intenção fluída do desejo prazeroso de passar mensagens de bem-estar.

Estou falando de comportamento humano, com o qual você, amigo postulante ao sucesso, depara a todo o momento e, por ele você toma decisões, ações e reações emocionais na maioria das vezes equivocadas, isto se dá pela sua interpretação mental que você cria sobre a impressão que tem de seu semelhante, de seu interlocutor.

A importância do olhar e do sorriso, enfim da expressão facial são fatores importantes ao seu sucesso, e que a mim me foram cruciais.

Não quero tapar o sol com peneira, e poderia aqui demonstrar a você somente o lado bonito da arte de vender, fazendo um atalho ao sucesso, mas, você é um soldado do bem em busca de seu lugar ao sol, porém, há de entender o ditado popular: "sucesso não cai do céu".

Os raios solares e as chuvas caem, porém, você terá de arar a terra e prepará-la para lançar nela a boa semente do sucesso, e sem estranhar as intempestivas tempestades que virão para reforçar a sua condição de bom agricultor.

Passei por estes processos purgatórios para chegar a triste conclusão, hoje aprendi a maior lição de minha existência, que a verdadeira coisa que sei é, que nada sei!

Fui aprender com os primatas, uma raça de macacos que está se extingüindo também, o que é uma pena.

Os Muriquis, primatas que chegam a medir 1,5 m de comprimento, geralmente robustos, erbívoros, amoráveis e familiares.

Eles me ensinaram a interagir – fator preponderante ao sucesso humano, são extremamente cordatos, não disputam suas fêmeas como fazem outros de outras espécies, que se matam entre si...

Dividem tudo conforme suas necessidades existenciais.

Como se a mim me dissessem: "Todo o negócio é bom quando todos ganham".

A soliedariedade cabe em qualquer segmento empresarial, o ombro amigo se faz necessário tanto que, há muito tempo foram criados estudos para profissionais de recursos humanos.

Entre esses primatas quando uma fêmea está tendo cria juntam-se todos à sua volta para acariciá-la dando a ela o maior apoio psicológico.

Veja o que disse mais uma vez o mestre Jesus, ensinando-nos que a maneira de se efutuar a verdadeira venda enquadra-se no ato de amar.

Mateus: 11

28 Vinde a mim, todos os que estai cansados e [oprimidos], e eu vos aliviarei.

O seu instinto de vendedor é fantástico, ouvi muitos relatos simiesco de ex caçadores que deixaram essa maldade de caçá-los pelo fantástico fato de eles colocarem seus filhotes na frente da arma, no afã de comover o caçador.

Tive de aprender a sorrir, posto que a religiosidade me fizera taciturno, instrospectivo na minha puberdade religiosa, pois, sorrir para mim me parecia pecaminhoso, maldoso, apesar de mirar nas atitudes de meu genitor, que fora o meu mestre na arte de vender, pois, tive de assimilar seus trejeitos na linguagem psicofisiológica.

O condicionamento religioso depois veio me ajudar, haja vista minhas profundas orações meditativas de antanho mais as experiências do despojamento da santimônia e do pecado, apesar da cosmoética estar impregnada no meu ser, sinto-me liberto de tamanha hipocriasia eclesial.

Vejamos a hipocrisia religiosa e vazia, como o "santo do pau oco."

Mateus: 23

27 Ai de vós, escribas e fariseus, hipócritas! porque sois semelhantes aos sepulcros [caiados], que por fora realmente parecem formosos, mas por dentro estão cheios de ossos e de toda imundícia.

Seja um ator da vida, seja tudo e seja nada, reconhecendo sua condição de humano mortal, praticando a simplicidade perante seu prospecto, na boa intenção de fazê-lo feliz, sem a arrogância e a ganância do dinheiro, estas coisas não são tudo no mundo do sucesso.

A vestimenta e a expressão corporal foram outros quesitos, não há como portar-se diante ou dentre um exército, querendo conviver com ele, sem a respectiva farda, isto é um fato e, "contra fato não há argumento".

Tive de analisar o estilo de comportamento de minha clientela e me portar de maneira análoga, pela qual houvesse plena identificação, ou empatia com ela.

Muitas vezes usa terno e gravata, outras um traje esportivo, e assim dançava conforme a música.

Até o meu linguajar era adaptado conforme cada situação.

Aprendi muito sobre auto-medicação e nomes de remédios com um bom cliente hipocondríaco, e jamais vendi remédios...

Quando encontrava com Ernesto, logo ia perguntando sobre sua saúde, assunto que ele adorava comentar, parecia sofrer de todas as doenças existentes neste mundo.

Nunca me auto-mediquei, porém, cansei de levar remédios que o Ernesto me pedia para comprar.

Não era chegado em futebol, mas, tive de torcer para vários times em prol de satisfazer o fetiche alheio.

Tudo isso, é uma questão de se colocar no lugar do cliente e de procurar entendê-lo...

Aqui está a maior sabedoria do grande vendedor, é enxergar pelos olhos do cliente.

Você pode não gostar nem um pouco da compra que o cliente está fazendo, porém, há de respeitar peremptoriamente o seu gosto e necessidade.

AS DUAS VISÕES

a) visão interna
b) visão externa

Doravante veja com os olhos de seu cliente, ou seja, existem duas maneiras de se enxergar, uma com os olhos externos e outra com os olhos internos.

O sentimento de seu cliente é transportado aos seus negócios, ou seja nem ele nem eu nem ninguém têm domínio total sobre sentimentos inconscientes.

Veja a mídia, quando quer vender carros, cervejas, sapatos etc... coloca mulheres desnudas em suas propagandas, veja o absurdo vendendo... eis a apelação que funciona.

Não quero aqui dar nenhum conselho que fuja a ética pessoal, apenas comento fatos.

E-commerce

Comercio fadado ao futuro nnão muito distante, a não ser pela pornografia e outras formas de se vender sacanagem pela internet...

Dá agora perfeitamente para você entender que vender é algo eclético, grandioso, que está acima da mediocridade, você terá a eternidade para avaliar e analisar o comportamento humano.

Analise o seu prospecto e, apresente a ele aquilo que ele está interessado em comprar, é assim que funciona.

- Vai-se fazer o quê?

A sua compulsividade deve estar revelada aos seus olhos aquilinos, na realidade, você, o analista, deve enxergar a necessidade premente de seu cliente, e para tanto, deve incorporá-lo sentindo na sua pele a sua compulsividade, veja e sinta com seus próprios olhos.

Resumindo, você é, o instrumento para que o seu cliente efetue suas compras, porém, como instrumento deve estar afinado com a orquestra mercantil para chegar ao sucesso.

Quando comecei o meu trajeto no mundo das vendas, pautei pelo óbvio, tinha de vender três elementos básicos.

1 – qualidade
2 – preço e condição de pagamento
3 – prazo de entrega

Estes três fatores básicos eu consegui, porém, são fatores que representam o mínimo de empresa, principalmente nos dias hodiernos.

- O que fazer?

Tive de criar muitas situações atrativas para concorrer no mercado, posto que, os elementos básicos de uma venda, todos nós tínhamos, como temos no momento atual.

Despendi uns esforços extras em passatempos com meus contatos, freqüentando muitos jantares e festas comemorativas, e praticando muitos favores para fazer a diferença.

Quero crer que, nos dias atuais você deva ser ágil, muito ágil, fazendo uso da internet, telemarketing, televenda, e estar sempre pronto aos chamados pessoais para resolver problemas de seus clientes, e com isto quero lhe dizer, você deve treinar muito para conhecer o produto que está vendendo.

Terá de acompanhar a evolução da vida profissional moderna...

Seja um perguntador sincero, explore o seu cliente sobre sua necessidade na qual envolve o seu produto, este fator é uma enquete preponderante, que deve ser criteriosa e objetiva.

O vendedor sobrevive de informações, que no seu caso é a sua bússula para saber como se nortear nos seus negócios, até porque não existe venda sem negócio.

Essa estatística fará a fidelização do seu cliente, pois, você terá de estar a par da satisfação do seu cliente com o seu produto. Sendo que a informação é o termômetro para medir a saúde do seu cliente em relação à sua saúde.

Deixei-me envolver demais, falei por mim e por você, bem é inteligente o bastante para entender, pois, estou narrando minha vida de vendedor na esperança de lhe produzir benesses ao seu sucesso, creia...

Ratifico, você terá de achar uma fórmula de saber o que o seu cliente quer comprar, e se for o seu produto, terá de enfrentar seus concorrentes, e para obter o devido sucesso terá de saber tudo sobre seu concorrente no tanja ao seu produto.

Brigue com o fornecedor, sua representada... no elã de melhorar o seu suporte de vendas e "marketing" em benefício de seu cliente, que será o seu patrimônio.

A indiferença sentida pelo seu cliente o fará fugir para bem longe de você, refugiando-se no seu concorrente, acredite!

Nos negócios da atualidade, você deve se postar como o empresário e, fazer uma gestão nas empresas fornecedoras e clientes para entender os processos que irão melhorar a sua performance como vendedor.

O bom vendedor terá de estar bem integrado a uma boa empresa e uma boa equipe.

"Uma andorinha só, não faz verão".

A globalização faz parte de nossas vidas, ou melhor tudo que nos pertence está dentro da globalização.

TEMPO & DINHEIRO

Falemos um pouco do tempo, "tempo é dinheiro".

Você deve correr contra o tempo e fazer muito bem feito.

Nada pode mudar essa exigência mercadológica.

Veja, como exemplo, a cada vinte minutos uma só empresa fabrica um carro.

E o planeta está com seis bilhões e meio de seres humanos.

Na atual circunstância o tempo urge!

O mundo está se desburocratizando, para ser mais ágil, teremos em muito breve uma linguagem diferenciada sobremaneira da atual.

Você está no caminho certo, porém, terá de trabalhar, e sempre foi assim, somente vence aquele que cria trabalhando, sempre.

Sucesso amigo.

Façamos uma comparação entre dois profissionais, o vendedor e o professor:

Auto-ajuda nos dias hodiernos...

Este é, mais um livro entre outros, que compara o vendedor com o professor.

- Por que esta comparação?

- Simplesmente pelo fato de ambos terem uma trajetória semelhante, e paradoxalmente eqüidistante...

O professor tem um ritual diário a cumprir até que adentre a sala de aula, daí em diante quem manda é ele, fecha a porta e, coloca-se num pedestal intocável, podendo fazer muitas chantagens emocionais com seus alunos, ou ser um ótimo mestre, compreensivo etc...

Ser aquela figura paterna, porém, sem deixar de ser enfático na disciplina da vida, com certeza o professor não gosta de se comparar ao paizão da juventude, mas, é assim que, é visto, isto é um fato.

O vendedor é um desbravador, um bandeirante que sai a campo dando a cara para bater, quase um aventureiro, e terá de usar até de picardia, para vender e sobreviver das suas vendas.

Vejamos, o professor por exercer autoridade sobre o aluno, usa de certa psicologia autoritária, e como estamos aventando sobre este profissional, claro que falamos em tese, posto que, nem todos usam da mesma prática.

Fugindo aos padrões tradicionais, e adentrando ao universo dos dias modernos, podemos até sentir pena do mestre, que ao invés de manter sua autoridade, mantêm-se subserviente à mira de alunos bandidos que usam os bancos escolares para traficar suas drogas...

- Isto, é mentira?

Porém, o que acabamos de narrar foge à regra da normalidade escolar.

Professor mesmo é, aquele que ensina e não usa de arrogância, até porque o mundo gira, e um dia após longos anos poderão encontrar-se aluno e professor com os lados da mesa trocados.

É de bom alvitre não ser arrogante perante o semelhante, tudo pode acontecer na vida humana, somos mortais, e isto vale para o vendedor e para o professor.

Estas duas profissões estão atreladas entre si, pois, ambas são ecléticas sobremaneira, o professor tem constantes perguntas a serem respondidas pelos alunos, e como um verdadeiro psicoterapeuta haverá de respondê-las para ganhar a simpatia do discípulo, e terá de saber muito, para postar-se como um verdadeiro mestre, ou ser prepotente e chato, esquivando-se das perguntas, para não se comprometer diante da classe... este é um motivo muito sério que faz muitos arrogantes ocuparem os espaços de verdadeiros professores.

O professor tem a prerrogativa de ser um verdadeiro autocrata, podendo encher lingüiça, ou a lousa com verborragia, até que acabe a aula, ou pedindo a um aluno que divague em interminável dissertação etc...

O vendedor enfrenta quase o mesmo problema, com uma grande diferença, é argüido pelo cliente sobre o seu material, porém, não podemos desconhecer que, este cliente é perspicaz, e para descartar o vendedor, ou para expor alguma frustração pessoal, quererá tripudiar sobre o vendedor lá de cima de seu altar.

Se o vendedor tiver personalidade, e o famoso jogo de cintura, tirará isto de letra, e para que isto aconteça, terá de saber muito sobre muito, e acima de todas as qualidades a ele inerentes, terá de ser nimbado da mais profunda e sábia humildade.

Algo preponderante e comum, dá para você perceber em ambos os profissionais, pois, mexem profundamente com a psique de seres humanos...

E, aqui sintetiza a maior de suas responsabilidades, que é, o uso do poder mental aliciante!

Nos últimos tempos

Nos últimos tempos escrevi sobre a minha já antiga profissão, e lá se vão mais de 45 anos, tratando com seres humanos das mais variadas personalidades...

Gente boa, ensimesmada, atenciosa, com o rei na barriga, com nós pelas costas, honesta, mais ou menos, enfim seres humanos, com virtudes e imperfeições etc...

Então... se aprendi alguma coisa nesta vida, deve ter sido analisar pessoas e como me portar diante delas.

Até porque, a sutileza e a educação, falam mais alto nestes momentos de contatos pessoais com seres da mesma espécie.

Contatei com quase todos os profissionais de todas os setores de uma empresa, desde almoxarifado à diretoria...

E, a mim me coube a responsabilidade de analisar todos estes importantes profissionais da indústria e comércio em seus variados segmentos.

Obviamente, fiz muito mais contatos com o Departamento de Compras, posto que a ele toda a minha atenção se fazia mister, pois, dependia dele para conquistar pedidos, fundamentados em toda capacidade das empresas fornecedoras, as quais representava e represento no atual momento...

A experiência na vida do ser humano é, fator preponderante em todos os sentidos, assim como profissional, familiar, social etc...

Existem profissões efêmeras, passageiras, porém, existem aquelas que podem durar mais, quando o profissional se faz digno.

O jogador de futebol é mais restrito do que o médico, o lutador de boxe do que o engenheiro, enfim a verdade é esta...

Infelizmente, nos dias hodiernos o robô apropriou-se do serviço humano, então, quase todos vão ficando desempregados e aderem a trabalhar por conta própria, formal, ou informalmente...

Literalmente falando, parece ter restado como opção, a mais antiga profissão do homem, a de vendedor!

Você abre uma empresa, seja ela qual for, terá de vender alguma coisa para que ela sobreviva.

Amigo, se prepare para deixar sua cátedra, para ser um bom aluno, e não fique frustrado que já, já... teremos a robótica no lugar do ensino e, daí meu mestre...

Vou deixar bem claro, não sou pessimista, porém, os fatos estão acontecendo e, nada posso fazer, a não ser escrever, cumprindo minha missão de arauto através das escritas...

O ensino à distância já forma doutores, pois, a Internet veio para ficar definitivamente.

Meu querido mestre, não se apoquente, isto está acontecendo a todos os demais profissionais.

Ora, temos até robôs operando cirúrgica e literalmente, doentes moribundos, com precisão assustadora...

Através da máquina, o médico opera no mesmo instante um doente do outro lado do planeta, apenas usando monitores, programas, e toda a parafernália cibernética etc...

Porém, essa operação se faz àquele que pode monetariamente!

Enquanto, formam-se filas de decrépitos nos ambulatórios de nossa previdência pública-social...

Situação lastimável e vergonhosa, a um país que se afigura entre os dez mais ricos do mundo...

- Quem se atreve a dizer o contrário?

Seja um bom vendedor, ou professor, até porque ser bom profissional é a nossa obrigação, eu prefiro trocar esta palavra por meta.

Vislumbre sua meta, e faça-a cumprir à risca se lhe for possível.

O vendedor pode durar além de outros profissionais, posto que, quando já encanecido, ou na terceira idade, se usar seus atributos de longa experiência de vida, vai morrer vendendo, ou melhor, estará morrendo de tanto vender...

Já que a tendência deste profissional é a de autônomo, e a dos demais profissionais e tornar-se vendedor...

Este ancião representa veladamente o pai, o avô, o conselheiro, o ser experiente, conquanto, fale a mesma língua de seu contato.

Daí o título deste livro: Vendedor & Professor.

Um velho mestre dentro de uma sala de aula, nada mais útil ao jovem inteligente, que possa aproveitar seus ensinamentos...

Em contrapartida, pode ser o oposto do vendedor, e com certeza o é.

O professor é, a autoridade máxima dentro de uma sala de aula, e como ser humano, muitos têm atitudes desumanas, pois, a palavra escrita e falada é, o alimento da nossa alma...

- E neste caso, quem está com a palavra?

Não somente com a palavra, mas, até com atitudes "draconianas" de um juiz severo, ou de um dissimulador chantagista, que em simples palavras diz:

- Faça o que estou mandando, ou prejudicá-lo-ei em suas notas!

E aqui fica muito claro que, este aluno poderá perder monetariamente, posto que perde seu tempo e seu dinheiro gastos com seus estudos etc...

Já o vendedor não passa de um simples aluno, no assunto aludido, porém, pode ser mais mestre do que "qualquer" Ph.D... deste nosso sistema caótico, medíocre, tacanho e outras redundâncias mais...

O vendedor jamais pode ser arrogante, porque assim a sua vida profissional não lhe permite.

O professor já "pode", pois, nada vai lhe acontecer; ao menos no presente... no futuro não se sabe.

Sinceramente, todos nós vendedores, ou professores tivemos nossos mestres escolares, e isto quer dizer que, estou apenas tecendo comparações entre um profissional e outro.

E, como escritor de auto-ajuda, e como vendedor que fui, e sou durante o interregno de longos anos, advirto a todo o humano que se prepare, pois, o desemprego avassalador fará de você um vendedor no mais amplo sentido da palavra, já que estamos entrando na era do ócio com a aplicação de aparatos cibernéticos, numa parafernália sem igual.

Poderia aqui avocar a presença de um lacônico magistrado, mantenedor de sua distância entre os pobres mortais, até porque, sua excelência foi moldado e condicionado a tomar esta atitude perante a sociedade etc...

É uma pena, porque estes "ilibados senhores", fazem cumprir leis caóticas e pestilentas, até se me parece que, os nossos políticos fizeram leis somente para eles...

A nossa "carta magna" é um amontoado atordoante de intrincadas leis, para realmente baralhar a cabeça, já estouvada do pobre e honesto trabalhador, que ao deslizar na lei, vai pagar pelos verdadeiros pecadores.

- Por que os nossos políticos ficam impunes de seus crimes?

Assemelham-se muito com vendedores e professores, usam o verbo para conquistar seus eleitores, e usam os bilhões de reais na caixa dois, desviando-os aos seus interesses escusos, posto que, "caixa dois" é peremptoriamente condenável pelas suas hipócritas leis...

O professor é um vendedor de idéias, ganha para isto, escolheu, até por vocação ensinar, é uma figura muito forte e responsável na formação de personalidades.

Portanto, carrega em seus ombros um pesado fardo, chamado consciência e que, às vezes, ou na maioria das vezes não tem dela o mínimo de consciência.

No campo de relacionamento humano, todos nós sofremos de grandes responsabilidades, ao influenciarmos pessoas...

Influenciar pessoas, estes são os verbetes escorreitos para chegarmos ao ápice deste assunto.

Aliás, desde o início do século passado, escreveu-se muito sobre influenciar pessoas, na intenção de se ganhar muito dinheiro, e após a metade do século apareceram o rádio e a televisão, aí a coisa ficou perfeita, e estamos no atual estágio evolutivo com a mais poderosa máquina, que jamais pudemos vislumbrar, o computador caseiro.

Nela podemos ver todos os tipos de imagens pornográficas, aquilo que era verdadeiramente crime, hoje grassa os quartos de nossos filhos, e dos filhos dos professores, e vendedores.

Mídia é, simplesmente venda!

Ninguém faz nada sem esperar retorno, e quando assim se faz, vende-se e compra-se, esta é a realidade e não adianta sofismar com retóricas e bazófias mil.

Estou, particularmente enfastiado de verborragia, vanilóquio e prosaísmo...

Para uma atitude, arruma-se um milhão de sinônimos.

Substantivos e adjetivos infindáveis... o nosso dicionário mais se parece com nossa carta magna, com suas leis contraditórias e distorcidas, cada um fazendo a sua interpretação.

O professor na sua sutileza pode mudar uma porção de seres humanos, moldando suas condutas, eles se afiguram como os nossos heróis, com os quais passamos muitas horas, dias e anos em quase substituição aos nossos pais...

Uma criança mimada, com certeza vai estranhar a sua nova mãe, a professora que trata com uma porção de filhos com criações extremamente opostas umas às outras...

O grande sofrimento deste aluno começa aqui na adaptação, que na realidade nunca será uma adaptação plena.

Então a criança pensa que pode, aquilo que não pode...

Veja amigo leitor, que confusão os seres humanos sofrem com o decorrer de sua existência, e ao vendedor resta um amontoado de pessoas que sofreram estes processos, inclusive ele mesmo.

Porém, quem está atrás da mesa é o cliente, e o cliente sempre tem razão e, ponto!

Resta então ao vendedor demonstrar disciplina, sutileza, sinceridade, honestidade, contumácia, pontualidade e principalmente personalidade.

Pois, se um aluno tem personalidade, então, o professor estará desarmado para ser desalmado com este aluno...

Este aluno está preparado, para ser disciplinado, colocando o mestre em seu respectivo lugar de educador apenas...

Imagine um aluno que conhece a matéria, e cumpre à risca todos os rituais do colégio, ninguém poderá abjurá-lo.

Assim é, o vendedor que se preza, jamais dará um motivo para ser execrado pelo comprador.

Temos de reconhecer de que somos todos humanos, portanto, podemos errar, mas, a desculpa é o mais perfeito sinônimo de humildade e, a humildade precede a honra!

São palavras dos maior professor-vendedor de sua époco o sábio rei, Salomão o homem mais sábio do seu tempo, segundo o livro-guia da humanidade, a Bíblia:

Provérbios: 15

33 O temor do Senhor é a instrução da sabedoria; e adiante da honra vai a [humildade].

Tanto o professor como o comprador são seres humanos com sentimentos de seres humanos, então não passam de nós mesmos...

Qualquer profissional está ligado direta e indiretamente a todos os demais da mesma área, neste caso, não devemos inculpar qualquer profissional aleatoriamente, e devemos compreender que, na maioria das vezes os erros são de outros profissionais, ou de outros setores, afetando o profissional em pauta.

Em vendas não existe nada mais lógico do que a prática em si, escrevemos, escrevemos... teorias, apesar de tantos anos de prática, mas, você que está lendo estas teorias, obviamente poderá ser destituído da prática.

Nos centros acadêmicos, existe o "marketing" que se nos parece estar substituindo a venda, porém, ele é um outro jeito de se vender um produto.

A venda, começa a ser praticada nos bancos escolares, lá está o aluno querendo vender a sua imagem aos demais, principalmente ao mestre, ou a mestra que às vezes faz pulsar o coração do aluno onírico naquela fase, metamorfoseando o amor dentro de seu coração...

E, pela paixão "vende-se" de tudo, dissimula-se promessas absurdas e o parceiro compra, caindo na sua teia, haja vista que, muitos safardanas do passado já venderam, o Viaduto do Chá, o Cristo Redentor etc...

Aqui fiz apenas um comentário de retórica, para exemplificar que existem os vendedores de ilusão, e infelizmente existem muitos...

Aliás, no atual estágio de vida o que mais se faz dentro de nossos lares é, exatamente isto, aparecem os políticos e nos vendem promessas faraônicas, e queira-me desculpar, caro leitor, talvez não seja o seu caso específico, mas...

- Você já imaginou quanto vale o seu voto?

- Se lhe parece que de nada vale, não é?

- Pois, na realidade à cada eleição você está comprando as pirâmides do Egito, meu amigo.

Claro está que, você não fica com a sua posse, porém, os sacripantas sem escrúpulos levam os milhões de reais do seu clã, de gente como você, e como eu... não tem outro jeito, é assim que funciona o sistema.

São as malfadadas vendas em massa.

Veja você o que faz a mídia:

Um dia desses, estava assistindo um programa e, deparei-me com uma situação deplorável, aliás, fato corriqueiro do qual participo assistindo, e portanto, nem que quisesse poderia abjurá-lo.

Lá estava um jovem bem apanhado, forte, porém, de miolo fraco, falava bem, jovem destravado e prolixo, mas, em laivos momentâneos dizia-se amigo de personalidades, e que estava naquele programa para ser ajudado, pois, conhecia fulano, e até beltrano, resumindo notava-se nitidamente distúrbio mentais naquele jovem, que fora influenciado pela televisão...

A mídia, vende o que quer e o que não quer, esta é a realidade.

E, nela apresentam-se vendedores travestidos de apresentadores, comunicadores, professores, doutores, deputados, e por aí vai...

Figura importante

Aqui entra a figura importante do professor, que tem de pregar e ensinar o civismo, que está inserido nessa dissimulação do sistema...

Mostram-nos os homens que governaram o nosso país desde antanho, até o presente e, como uma das maiores economias mundiais se afigura a nossa pátria, porém, aqui vai uma adenda: venderam a nossa querida terra, literalmente falando, porque uma nação rica é aquela que tem um povo rico.

Esta venda é simplesmente vergonhosa, e a grande maioria que nos governa é composta de "professores", pois, sabem tudo, fazem tudo, mentem descaradamente dentro de nossos lares!

Infelizmente a venda desonesta impera nos mais altos escalões, você pode chamar isto de roubo, ou qualquer coisa que o valha, porém, esta simples filosofia não passa de venda, que começamos aprender em nossos lares, e depois nas escolas etc...

Haja vista que, quando o traficante está passando droga, é comum dizer-se que ele está vendendo a droga.

Aliás, infelizmente esta venda está se fazendo até nos bancos escolares.

Mas, deixando de lado essa mesquinharia que mata, rouba, estupra etc... falemos de vendas e de ensinos proveitosos e bons.

A Autocracia

O professor atualmente tenta vender a democracia, ou seja, manipular a classe com sutileza, porém, este sistema pode alterar o comportamento do aluno, que não entende a orientação e, confunde liberdade com libertinagem, metendo os pés pelas mãos, então o mestre fica em sinuca de bico, voltando-se a autocracia, e agora vai vender a sua imagem de educador feérico, tornando-se um promotor de identidade estapafúrdia, ou hilariante...

O verbete democracia, por si só já diz tudo, é realmente um sistema mefistofélico, ou diabólico, cuja venda seduz, incita, concita, alija, alicia o ser humano a ficar nas mãos do poder do sistema, ratifico: este é um calamitoso planeta de há muito tempo vampirizado pelo poder, onde a fome mata crianças intermitentemente e, ninguém pode contraditar este fato!

Desculpe-nos a repetitividade deste verbete:

Democracia, vem do grego:

Demo = demônio

Cracia = governo

Agora é com você, entenda como quiser...

Poderíamos chamar este tipo de venda de autocracia-velada-mental... ou lavagem cerebral, se você preferir.

Qual o interesse do sistema em dar do bom e do melhor a bandidos hediondos, e além do mais dar um belo salário para tratar de seus familiares, enquanto o verdadeiro cidadão trabalhador e honesto, ganha um miserável salário mínimo, menos do que a metade deste que o estado paga ao assassino, estuprador, pedófilo, enquanto, o honesto fica desempregado morando debaixo de viadutos com seus filhos, morrendo literalmente de fome?

Já cansamos de escrever sobre injustiças sociais, voltemos ao professor e o vendedor.

Essa rivalização toda, se presta para que você possa entender um pouco do terreno no qual irá pisar ao tratar com pessoas que, estudaram tantos anos no sistema, e você queira ou não, está inserido no contexto.

Agora você sai para vender um produto e, vai se deparar com seres humanos com muitos problemas de infância, ou mesmo atuais, então poderá se aprofundar mais, até chegar mais perto do âmago do seu contato, seja mais um amigo-pai, do que um professor, ou psiquiatra, que usam da prerrogativa de receber para depois analisar etc...

Avaliação do diagnóstico

Tanto o vendedor como o professor são eternos analistas, até inconscientes, pois, cada um deles toma atitudes mecânicas, pois, para cada ação uma reação, isto é quase normal, porém, é de suma importância a ação de bom-senso, aquela que produza a paz e a tranqüilidade no relacionamento humano.

Com o andar da carruagem, isto vai-se somatizando e plasmando em movimentos corriqueiros do cotidiano, como se fosse dirigir um automóvel, passando suas marchas e pisando nos seus pedais automaticamente, e chegar no seu destino sem saber direito o que se passou pelo trajeto, se um farol ficou verde, ou amarelo, quando e onde, assim agem os profissionais em suas ações...

A amostragem, é de suma importância para a analise de comportamento.

Somos todos assim, meio inconscientes nas nossas ações, porém, vamos mudar, conforme solicita-nos o subtítulo que se segue:

Um parêntese de conscientização

Não seja uma máquina, tente aperceber-se de seus movimentos, sem se perder nos seus atos corriqueiros, seja consciente de tudo que está fazendo, note e, anote se for o caso...

Se você se entregar mais à natureza, ou a Deus em seus cuidados com o futuro, então poderá ter mais consciência de seus atos impensados e que agem quase sem a sua anuência, compulsivamente poderá estar agindo de maneira a prejudicar a sua profissão.

No equilíbrio encontram-se o esforço e a inspiração que, se transformam na coisa mais preciosa do homem que é, a criação.

Sem a criatividade você estará sem futuro, até porque aquilo que outros já inventaram está robotizado pela máquina que o homem também já criou.

- E agora, amigo?

Você é um criador e, terá de vender a sua criatura!

Quando era muito jovem, o meu pai dizia que tal profissão era excelente e que duraria para sempre, na realidade enganou-se, como nós também podemos nos enganar, achando isto e aquilo.

Há alguns pouquíssimos anos, cria-se e fazia-se crer que, o mundo acabaria antes do ano 2000, bem, na realidade aqui temos a cooperação da igreja e sua filosofia.

Veja que você, pode criar e vender mito.

Existiu um cara bastante conhecido que, há meio século predisse que sua raça seria a mais bem-aventurada do planeta, sendo de antemão a mais perfeita e, que as outras não passavam de escória humana, e sendo estrangeiro, fez muitos estragos no planeta, do ponto de vista físico e mental do ser humano, hedionda e odiosa criatura que, foi capaz de seduzir a bela, saudável, e gloriosa raça ariana, este ser chamava-se: "Adolf Hitler".

- Como pode um povo altivo, inteligente, e até orgulhoso de sua raça e religião arianas, cair nos ideais de um tampinha, chamdo "Hitler" com seu ridículo bigodinho, e que fazia somente gritar tertúlias flácidas para adormecer vacuns aos grandalhões e bem nutridos alemães?

Não importa a sua cepa, você é mais um ser humano e ponto.

Grande vendedor de maldades, haja vista suas inflamadas pregações nazistas, e convenceu uma raça muito sutil e inteligente, tanto que pós guerra reergueu-se em poucos anos, despontando-se como uma das principais economias européias.

Estou aqui, vendendo consciência, veja, jamais confunda alhos com bugalhos, não confunda um regime malfadado com uma raça, um líder com um povo etc...

No Brasil, tivemos líderes que obedecem apenas, e tiram proveito próprio dessa ignominiosa situação, desviando muito dólares do miserável povo de uma nação muito rica.

Seria mesmo uma nação o nosso país, ou seria apenas a escória humana dentro de um país mundial globalizado pelos oito mais ricos e poderosos na subserviência escravocrata velada e chamada "demo" "cracia"?

- Aqui não existe uma maneira de compensar e ficar imune às regras da lei?

- Será que, o político que rouba, não o faz, pensando no desaforo que o país sofre com a somatória do PIB apropriado pelo FMI – o grande agiota mundial legalizado?

Vamos esclarecer bem este assunto, apenas estamos perguntando e reafirmando, se isto proceder, pois, estamos repetindo os fatos que nos discorrem a mídia, que invade o nosso sagrado lar.

Veja primeiro o que somos

Toda essa explicação social, vem ao encontro do relações humanas, ou vendedor, ou professor, para alertá-los, pois, apesar de conhecedores, estão agindo como robôs, dirigindo e chegando aos seus destinos inconscientemente.

Acorde amigo vendedor, para avaliar seu contato com a devida consciência que o colocará lá na frente, podendo enxergar melhor seu cliente, e saber como tratá-lo à maneira que ele possa retribuí-lo com muito sucesso.

Seja criativo!

O vendedor ao analisar o gosto, a repetição rotineira de palavras de seu contato, terá um parâmetro quase natural para se chegar ao fim colimado de seu propósito que é, simplesmente a venda de seu produto.

Já o professor tem diante de si um número muito grande de detalhes, ficando na superficialidade condicionada a um padrão de normas e condutas.

A grande maioria dos professores está preocupada com o ensino acadêmico em si.

Como um juiz a julgar somente aquilo que a lei determina, pouco lhe importando se a lei presta, ou não...

Em outras palavras, fazendo vista gorda legalmente... ou, à Pôncio Pilatos, lavando suas mãos.

Produtos

Existe o professor que vende uma determinada matéria que é, o seu produto, e o aluno compra se quiser, ele pode passar o ano com os ensinamentos deste mestre e comprar seus ensinamentos, ou não, apenas estudou por obrigação, como se algum de nós estivesse assistindo televisão e visse uma propaganda e comprasse aquele produto, ou não...

Há aquele professor que ensina, vendendo a sua matéria de maneira específica e no seu estilo, ou fica na mesmice do aprendizado que recebeu, feito à uma máquina, que apenas copiou e repete exatamente o que assimilou de seus mestres...

Cadê a criatividade?

Estamos na era da criatividade, aquele que mais criar, mais sobreviverá.

E o vendedor terá de criar situações para ministrar suas vendas estimuladoras às compras.

O vendedor tem o seu produto específico, tendo de conhecê-lo o mais profundamente possível...

Quanto mais dominar o seu produto, mais facilidade terá de expor ao cliente e convencê-lo a comprar.

Porém, este é um detalhe, "existe muito mais entre o céu e a terra do imagina a nossa vã filosofia."

Portanto, ser um vendedor depende de cada situação e momento, daí a criatividade fala mais alto, entre o vendedor e, o vendedor...

Mestre é, sinônimo de um bom vendedor e um bom professor, e ambos têm seus discípulos.

O maior Mestre de todos os tempos.

Alguém começou a vender a vida do grande Mestre: Jesus, o chamado: Cristo, O Filho de Davi, O Rei dos Reis, O Filho do Homem, O Crucificado, A Pedra Angular... ninguém recebeu tantos adjetivos qualificativos assim.

Mateus: 21

42 Disse-lhes Jesus: Nunca lestes nas Escrituras: A pedra que os edificadores rejeitaram, essa foi posta como[pedra angular]; pelo Senhor foi feito isso, e é maravilhoso aos nossos olhos?

Marcos: 12

10 Nunca lestes esta escritura: A pedra que os edificadores rejeitaram, essa foi posta como[pedra angular];

Lucas: 20

17 Mas Jesus, olhando para eles, disse: Pois, que quer dizer isto que está escrito: A pedra que os edificadores rejeitaram, essa foi posta como[pedra angular]?

Atos: 4

11 Ele é a pedra que foi rejeitada por vós, os edificadores, a qual foi posta como[pedra angular].

I Pedro: 2

6 Por isso, na Escritura se diz: Eis que ponho em Sião uma principal[pedra angular], eleita e preciosa; e quem nela crer não será confundido.

Mateus: 1

1 Livro da genealogia de Jesus Cristo, [filho de Davi], filho de Abraão.

Marcos: 12

1 Livro da genealogia de Jesus Cristo, [filho de Davi], filho de Abraão.

Lucas: 20

41 Jesus, porém, lhes perguntou: Como dizem que o Cristo é [filho de Davi]?

Há dois milênios, seus discípulos começaram a fazer uma grande propaganda da vida e obra deste admirável Mestre.

Veja, estou falando de Professor e Vendedor...

Os pregadores do Evangelho Cristão, são grandes vendedores, e alguns até acreditam no seu produto.

E, não sejamos hipócritas, se alguém faz a caridade em troca de ir morar com Deus no paraíso de gozo perenal, esse alguém está barganhando veementemente... e, se está barganhando, está praticando a mais antiga venda, que nada mais é, que: toma lá, dá cá!

E, que belo negócio é esse de doar-se para ganhar algo eterno e inefável, que obviamente não há dízimo que possa comprar...

Sendo a Bíblia o livro mais vendido de todos os tempos, vemos aqui uma grande propaganda espiritual.

Hoje existe mais igrejas vendendo a salvação, do que empregos aos homens honestos e trabalhadores, que às vezes estão vivendo debaixo de pontes e à míngua...

Os pregadores-vendedores, negociam a salvação, algo virtual, e apresentam testemunhos maravilhosos nas igrejas, concitadores de mentes humanas, conquanto, os pobres e necessitados que nelas estão; são ocultados da massa...

- Ou, não existem miseráveis que professam religiões católicas e evangélicas?

- Então, por que esses missionários de Deus, só apresentam nos televisores de nossos lares os abastados de milagres?

Cremos na fé, pois, ela "remove montanhas", como nos ensinou o professor Jesus.

- O povo cristão não sofre, somente goza?

- A Bíblia desses pastores e bispos não tem a vida de Jó, homem honesto e temente a Deus e que sofreu agruras mil nas mãos de Lúcifer, ex-irmão de Jesus, o Cristo, e que se assentava à sinistra de Deus?

Jó: 1

8 Disse o Senhor a Satanás: Notaste porventura o meu [servo Jó], que ninguém há na terra semelhante a ele, homem íntegro e reto, que teme a Deus e se desvia do mal?

Jó: 2

3 Disse o Senhor a Satanás: Notaste porventura o meu [servo Jó], que ninguém há na terra semelhante a ele, homem íntegro e reto, que teme a Deus e se desvia do mal? Ele ainda retém a sua integridade, embora me incitasses contra ele, para o consumir sem causa.

Jó: 9

17 Pois ele me quebranta com uma tempestade, e multiplica as minhas [chagas] sem causa.

Jó: 6

11 Qual é a minha força, para que eu espere? Ou qual é o meu fim, para que me porte com [paciência]?

Jo: 3

1 Depois disso abriu [Jó] a sua boca, e amaldiçoou o seu dia.

- Jesus, não foi martirizado no Calvário?

Porém, não somos cegos, estamos vendo o mercantilismo religioso, e infelizmente estão praticando a venda da graça eterna...

Jesus Cristo era muito persuasivo, arrastando multidão e curando os enfermos, vendendo a mais perfeita fé, para que pudesse reinar sobre tudo, como ele mesmo disse: "Vou ao Pai, preparar-vos lugar etc..."

João: 14
2 Na casa de meu Pai há [muitas moradas]; se não fosse assim, eu vo-lo teria dito; vou preparar-vos lugar.

Vamos botar uma coisa definitiva na nossa cabeça, tudo se barganha nesta vida, nada é feito por nada, ao menos que se queira ser hipócrita.

E, ser hipócrita é comprar e vender a maior ignorância da mentira, simultaneamente a nós mesmos...

Resumindo: a maior burrice que um ser humano pode cometer é, a venda dissimulada aplicada por muitos homens públicos, ludibriando seus irmãos.

Comunicação – elemento básico

Um dos principais problemas de um profissional é, a comunicação, não importando qual seja a sua área de atuação.

Ao você chegar a um consultório médico, e ser atendido com amabilidade já pela atendente, e logo em seguida pelo médico, você já começa a receber a cura, veja então que coisa poderosa é a venda da segurança, através da cordialidade.

À venda quase tudo se faz mister, não somente a cortesia, como o ambiente agradável aos olhos, enfim aos sentidos, até ao sexto sentido, que provém do mundo astral.

Se você for espontâneo, sincero e educado para colocar em prática seus atributos essenciais, será um profissional quase completo.

Às vezes escutamos: o professor fulano é uma simpatia!

Convenhamos, existem matérias escolares e suas regras muito rígidas, porque o professor as faz assim...

Há também o vendedor que é, um chato de galocha, ao avistar o cliente, vai logo cobrando-o a respeito de seu pedido, e além de tecnocrata é um autocrata, bem esse sujeito não irá muito longe como um vendedor.

Voltando ao médico, a começar pela sua secretária, antipática criatura que vai logo lhe dizendo o preço da consulta, e se achando alguma alienígena imune às doenças dos mortais, lhe tratando com desdém, e se o médico falar a sua língua, com certeza você adoecerá ainda mais, ao invés de obter a cura.

Foi-se o tempo, no qual existia um profissional para toda a humanidade.

O mercantilismo do ensino, tornou-se fonte extremamente lucrativa que, ao invés de produzirem algum bem de utilidade prática ao homem, não, ficam com suas cabeças cheias de teses, e por isto são doutores da virtualidade fútil.

Chegará o momento, no qual todos os seres humanos serão aculturados pelo ensino virtual!

O saber é muito relativo, você pode ser possuidor de grandes títulos e diplomas, mas, pode não conhecer absolutamente nada de arma e seu manuseio, como um semi-analfabeto que esteja prestando serviço ao crime, jamais se esqueça, isto é fato, e não tese!

Inove

Eureca, achei, alguém no passado falou pela primeira vez esta palavra, pois bem, você poderá acordar de um sonho com uma equação resolvida...

Amanhã sempre será outro dia, e seus problemas poderão ser solucionados, como num passe de mágica, assim age a natureza em prol de todos os seres viventes.

Os inventores às vezes são pessoas comuns, que nem estudaram academicamente seus inventos, no entanto, temos aí o avião, o telefone o telégrafo, o automóvel, e todas estas ferramentas humanas careceram de ser vendidas.

Copie

Não há nada demais em copiar, mesmo porque tudo já existe e paira no ar, você somente irá acrescentar detalhes, esta é a grande verdade.

O Japão é um grande inovador de invenções, tudo ele aperfeiçoa como ninguém, e com muito sucesso.

Ora, ora, todas as palavras grafadas neste livro já existiam, mesmo porque, se assim não fosse, não nos entenderíamos...

Quando você copia, pensa que copia, nada é igual a nada, são apenas semelhantes.

Mesmo copiando estará criando, mas, não tome ao pé da letra senão cairá naquilo que falamos antes, não seja robô, tente ser você, pois, já é a própria criação encarnada.

A vida profissional

Não é necessário dizer... que estamos passando por uma fase muito difícil e, por isto fizemos comparações com os profissionais que tendem à extinção paulatinamente, caso o mundo "evolutivo" continue nessa de querer facilitar a vida, e tudo indica que não mais vai parar.

O homem natural nasceu para movimentar-se através do trabalho, mas, as tecnologia foi chegando, e agora parece que não dá mais para segurar, posto que, as potências tentam fazê-lo, até para que não haja o desemprego em massa.

O combustível de há muito podia ser gratuito, mas, se alguém ousar recalcitrar contra o sistema, por certo será barrado pela lei e assim por diante.

A necessidade do homem arremete-o ao crime, o profissional qualificado e desempregado é, um grande risco ao sistema, imaginemos um físico nuclear, daqueles que colocam a mão na massa, se estiver no desespero de passar fome debaixo de algum pontilhão, e queira usar seus conhecimentos, para este profissional construir algumas bombas que façam grandes estragos não é nada impossível.

Ao menos que queira partir para a profissão mais concorrida que é a de vendedor, até porque, será a que vai restar.

Então, comece a pensar nisto amigo, e se prepare, ou seja um bom vendedor, porque somente sobreviverão os melhores, aqueles que forem professores em vendas, literalmente falando.

E podemos afirmar que, será uma venda bem pessoal, talvez em rede, ou de porta a porta...

Quem sabe se, fabricando em casa e, colocando no mercado algum artesanato que o computador não possa fazê-lo.

Serão tempos difíceis, ao menos que os poderosos do sistema, aqueles que detém "honestamente" a maior riqueza do globo em suas mãos, aliás, são tão ignóbeis que sentem prazer em guardar amontoados de fortunas, porém, são pobres mortais sofredores...

Desejamos a você, professor-vendedor do futuro, muito sucesso!

Obra motivacional, extra-sensorial